SUBTRACTION

2Nd Grade Math Essentials

Children's Arithmetic Books

PROFESSOR GUSTO
EDUCATIONAL & INFORMATIVE BOOKS FOR CHILDREN
(PRE-K / K-12)

All Rights reserved. No part of this book may be reproduced or used in any way or form or by any means whether electronic or mechanical, this means that you cannot record or photocopy any material ideas or tips that are provided in this book.

Copyright 2016

Subtraction Exercises

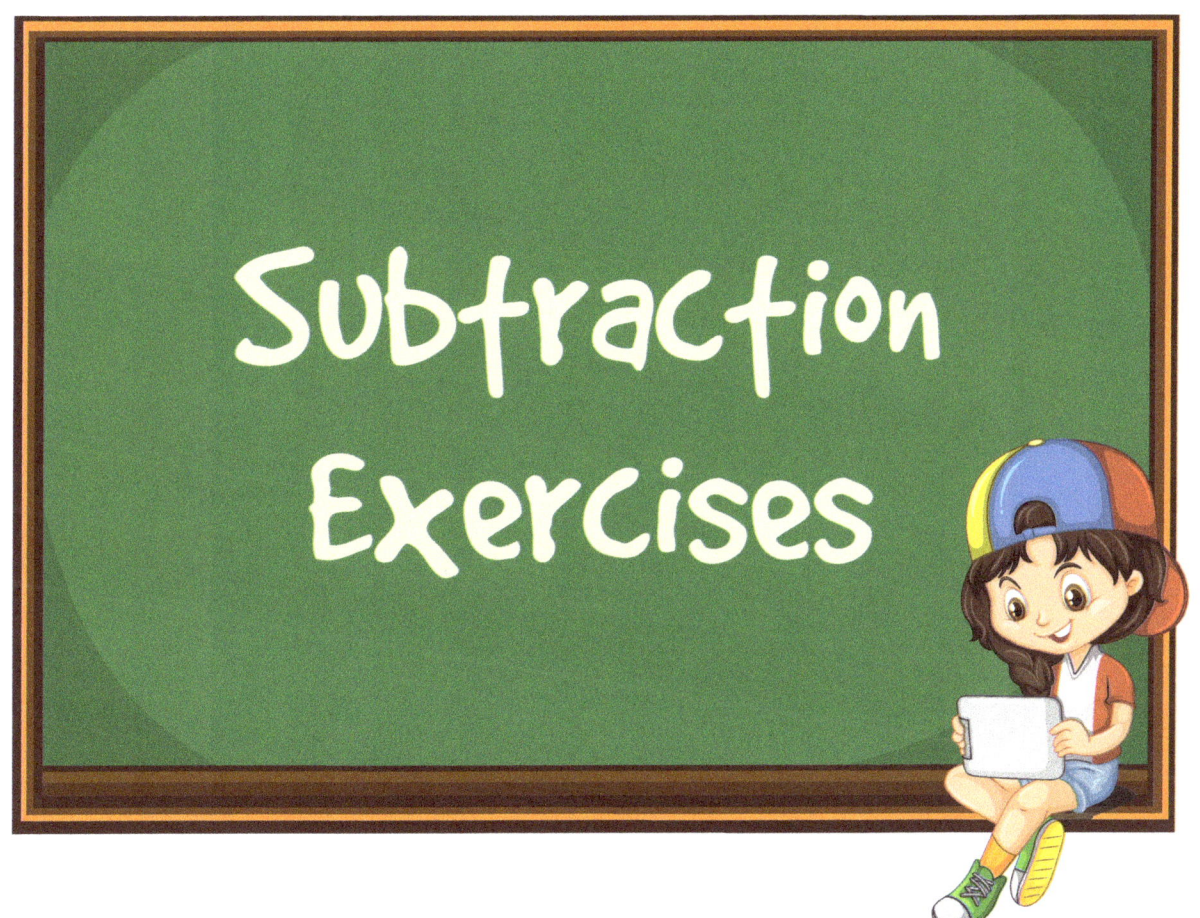

Exercise No. 1

1. 79 - 17 =
2. 84 - 7 =
3. 67 - 17 =
4. 74 - 12 =
5. 69 - 5 =
6. 95 - 15 =
7. 97 - 9 =
8. 69 - 18 =
9. 92 - 13 =
10. 83 - 17 =
11. 20 - 10 =
12. 68 - 12 =
13. 20 - 8 =
14. 96 - 7 =

Exercise No. 2

1. 55 - 8 =
2. 41 - 3 =
3. 94 - 14 =
4. 42 - 10 =
5. 37 - 19 =
6. 75 - 5 =
7. 98 - 13 =
8. 72 - 7 =
9. 26 - 8 =
10. 45 - 11 =
11. 77 - 6 =
12. 77 - 4 =
13. 49 - 3 =
14. 45 - 4 =

Exercise No. 3

1. 81 - 12 =
2. 74 - 1 =
3. 75 - 11 =
4. 50 - 16 =
5. 84 - 16 =
6. 96 - 18 =
7. 66 - 20 =
8. 93 - 9 =
9. 30 - 10 =
10. 95 - 20 =
11. 86 - 3 =
12. 59 - 16 =
13. 35 - 11 =
14. 45 - 3 =

Exercise No. 4

1. 81 - 2 =
2. 88 - 10 =
3. 31 - 19 =
4. 72 - 18 =
5. 36 - 19 =
6. 55 - 12 =
7. 94 - 14 =
8. 23 - 4 =
9. 68 - 5 =
10. 60 - 6 =
11. 43 - 8 =
12. 51 - 10 =
13. 63 - 11 =
14. 72 - 2 =

Exercise No. 5

1. 93 - 3 =
2. 89 - 3 =
3. 95 - 4 =
4. 67 - 2 =
5. 86 - 16 =
6. 60 - 11 =
7. 100 - 17 =

8. 50 - 14 =
9. 53 - 7 =
10. 52 - 9 =
11. 22 - 1 =
12. 28 - 6 =
13. 27 - 9 =
14. 32 - 3 =

Exercise No. 6

1. 57 - 8 =
2. 55 - 18 =
3. 34 - 17 =
4. 78 - 14 =
5. 90 - 20 =
6. 47 - 10 =
7. 55 - 17 =
8. 93 - 1 =
9. 63 - 8 =
10. 93 - 15 =
11. 54 - 1 =
12. 25 - 20 =
13. 63 - 20 =
14. 40 - 4 =

Exercise No. 7

15. 23 - 11 =   **22.** 44 - 20 =

16. 20 - 11 =   **23.** 99 - 6 =

17. 74 - 14 =   **24.** 29 - 16 =

18. 93 - 6 =   **25.** 31 - 11 =

19. 98 - 2 =   **26.** 47 - 7 =

20. 85 - 9 =   **27.** 94 - 8 =

21. 42 - 14 =   **28.** 23 - 12 =

Exercise No. 8

1. 68 - 18 =
2. 89 - 4 =
3. 51 - 13 =
4. 89 - 7 =
5. 36 - 2 =
6. 91 - 16 =
7. 57 - 18 =
8. 54 - 14 =
9. 46 - 3 =
10. 33 - 14 =
11. 53 - 12 =
12. 95 - 5 =
13. 38 - 12 =
14. 86 - 13 =

Exercise No. 9

1. 90 - 4 =
2. 40 - 2 =
3. 24 - 9 =
4. 53 - 13 =
5. 35 - 20 =
6. 85 - 16 =
7. 76 - 19 =
8. 27 - 10 =
9. 95 - 7 =
10. 56 - 10 =
11. 56 - 6 =
12. 64 - 8 =
13. 93 - 11 =
14. 63 - 6 =

Exercise No. 10

1. $24 - 2 =$

2. $94 - 19 =$

3. $99 - 15 =$

4. $100 - 5 =$

5. $100 - 19 =$

6. $95 - 5 =$

7. $86 - 11 =$

8. $98 - 4 =$

9. $65 - 14 =$

10. $49 - 2 =$

11. $98 - 15 =$

12. $25 - 1 =$

13. $84 - 9 =$

14. $64 - 1 =$

Exercise No. 11

1. 75 - 18 =

2. 73 - 2 =

3. 27 - 10 =

4. 88 - 18 =

5. 80 - 7 =

6. 34 - 15 =

7. 90 - 6 =

8. 71 - 12 =

9. 28 - 9 =

10. 37 - 2 =

11. 38 - 14 =

12. 31 - 6 =

13. 89 - 3 =

14. 21 - 17 =

Exercise No. 12

1. 41 - 5 =
2. 64 - 4 =
3. 60 - 3 =
4. 91 - 1 =
5. 43 - 1 =
6. 43 - 15 =
7. 28 - 13 =
8. 33 - 10 =
9. 22 - 5 =
10. 23 - 12 =
11. 75 - 15 =
12. 53 - 17 =
13. 26 - 8 =
14. 91 - 16 =

Exercise No. 13

1. 47 - 8 =
2. 43 - 13 =
3. 63 - 2 =
4. 98 - 8 =
5. 38 - 6 =
6. 48 - 11 =
7. 77 - 19 =
8. 39 - 3 =
9. 81 - 20 =
10. 79 - 14 =
11. 56 - 5 =
12. 93 - 1 =
13. 91 - 8 =
14. 25 - 6 =

Exercise No. 14

1. 26 - 17 =
2. 79 - 10 =
3. 21 - 11 =
4. 44 - 17 =
5. 47 - 15 =
6. 43 - 1 =
7. 87 - 19 =
8. 99 - 6 =
9. 89 - 12 =
10. 25 - 9 =
11. 96 - 1 =
12. 32 - 14 =
13. 99 - 5 =
14. 69 - 7 =

Exercise No. 15

1. 94 - 8 =
2. 85 - 10 =
3. 38 - 14 =
4. 46 - 9 =
5. 91 - 9 =
6. 64 - 8 =
7. 94 - 4 =
8. 78 - 18 =
9. 43 - 10 =
10. 67 - 1 =
11. 56 - 18 =
12. 37 - 8 =
13. 29 - 12 =
14. 29 - 3 =

Exercise No. 16

1. 37 - 17 =
2. 93 - 11 =
3. 22 - 11 =
4. 75 - 11 =
5. 80 - 20 =
6. 56 - 17 =
7. 65 - 9 =
8. 91 - 6 =
9. 79 - 1 =
10. 76 - 14 =
11. 76 - 9 =
12. 60 - 14 =
13. 47 - 7 =
14. 74 - 5 =

Exercise No. 17

1. 90 - 5 =
2. 45 - 10 =
3. 61 - 10 =
4. 97 - 13 =
5. 63 - 4 =
6. 61 - 19 =
7. 54 - 13 =
8. 72 - 11 =
9. 76 - 7 =
10. 59 - 16 =
11. 81 - 18 =
12. 35 - 19 =
13. 78 - 3 =
14. 59 - 2 =

Exercise No. 18

1. 57 - 5 =
2. 21 - 15 =
3. 72 - 19 =
4. 57 - 7 =
5. 37 - 11 =
6. 98 - 20 =
7. 43 - 3 =
8. 42 - 4 =
9. 97 - 8 =
10. 64 - 18 =
11. 82 - 8 =
12. 74 - 11 =
13. 80 - 13 =
14. 37 - 17 =

Exercise No. 19

1. 89 - 13 =
2. 79 - 6 =
3. 77 - 11 =
4. 84 - 16 =
5. 60 - 1 =
6. 31 - 20 =
7. 23 - 9 =
8. 62 - 7 =
9. 27 - 18 =
10. 86 - 12 =
11. 54 - 3 =
12. 23 - 4 =
13. 37 - 2 =
14. 67 - 8 =

Exercise No. 20

1. 98 - 11 =
2. 97 - 14 =
3. 24 - 6 =
4. 25 - 19 =
5. 54 - 6 =
6. 67 - 10 =
7. 46 - 6 =
8. 46 - 9 =
9. 38 - 14 =
10. 35 - 6 =
11. 20 - 19 =
12. 57 - 18 =
13. 45 - 10 =
14. 23 - 6 =

Exercise No. 21

1. 70 - 7 =
2. 91 - 9 =
3. 87 - 7 =
4. 43 - 7 =
5. 68 - 16 =
6. 80 - 8 =
7. 53 - 8 =
8. 74 - 13 =
9. 38 - 5 =
10. 28 - 14 =
11. 66 - 10 =
12. 84 - 4 =
13. 39 - 7 =
14. 57 - 11 =

Exercise No. 22

1. 25 - 8 =
2. 31 - 5 =
3. 93 - 17 =
4. 72 - 7 =
5. 55 - 2 =
6. 44 - 19 =
7. 68 - 4 =
8. 80 - 15 =
9. 88 - 9 =
10. 74 - 12 =
11. 91 - 8 =
12. 34 - 4 =
13. 26 - 14 =
14. 100 - 4 =

Exercise No. 23

1. 93 - 3 =
2. 26 - 6 =
3. 65 - 14 =
4. 79 - 18 =
5. 43 - 8 =
6. 75 - 4 =
7. 93 - 7 =
8. 75 - 15 =
9. 63 - 18 =
10. 88 - 5 =
11. 85 - 3 =
12. 51 - 12 =
13. 51 - 13 =
14. 23 - 11 =

Exercise No. 24

1. 67 - 10 =
2. 92 - 17 =
3. 30 - 16 =
4. 40 - 18 =
5. 52 - 10 =
6. 82 - 14 =
7. 86 - 12 =
8. 57 - 19 =
9. 46 - 20 =
10. 48 - 10 =
11. 67 - 14 =
12. 63 - 17 =
13. 56 - 5 =
14. 54 - 10 =

Exercise No. 25

1. 49 - 14 =
2. 65 - 17 =
3. 99 - 8 =
4. 73 - 7 =
5. 100 - 6 =
6. 91 - 3 =
7. 66 - 20 =
8. 73 - 16 =
9. 53 - 6 =
10. 20 - 3 =
11. 70 - 9 =
12. 24 - 10 =
13. 70 - 1 =
14. 77 - 7 =

Exercise No. 26

1. 47 - 7 =
2. 87 - 11 =
3. 58 - 19 =
4. 79 - 10 =
5. 60 - 9 =
6. 72 - 11 =
7. 89 - 18 =
8. 83 - 9 =
9. 89 - 14 =
10. 52 - 17 =
11. 89 - 13 =
12. 27 - 18 =
13. 73 - 13 =
14. 65 - 5 =

Exercise No. 27

1. 99 - 9 =
2. 74 - 8 =
3. 30 - 15 =
4. 71 - 9 =
5. 72 - 7 =
6. 61 - 4 =
7. 48 - 8 =
8. 55 - 10 =
9. 41 - 16 =
10. 95 - 10 =
11. 100 - 20 =
12. 70 - 9 =
13. 35 - 9 =
14. 21 - 16 =

Exercise No. 28

1. 100 - 19 =
2. 59 - 19 =
3. 63 - 4 =
4. 80 - 4 =
5. 96 - 13 =
6. 52 - 5 =
7. 87 - 16 =
8. 96 - 20 =
9. 89 - 4 =
10. 63 - 3 =
11. 53 - 18 =
12. 81 - 19 =
13. 29 - 1 =
14. 83 - 10 =

Exercise No. 29

1. 30 - 15 =
2. 50 - 12 =
3. 59 - 4 =
4. 82 - 12 =
5. 83 - 15 =
6. 60 - 8 =
7. 30 - 5 =
8. 92 - 6 =
9. 84 - 5 =
10. 57 - 2 =
11. 83 - 6 =
12. 21 - 13 =
13. 50 - 15 =
14. 50 - 6 =

Exercise No. 30

1. 49 - 4 =
2. 50 - 17 =
3. 78 - 12 =
4. 68 - 18 =
5. 61 - 2 =
6. 55 - 18 =
7. 99 - 3 =
8. 56 - 15 =
9. 70 - 13 =
10. 95 - 14 =
11. 33 - 19 =
12. 38 - 7 =
13. 36 - 9 =
14. 76 - 5 =

Exercise No. 31

1.) 98 - 19 =

2.) 93 - 2 =

3.) 42 - 7 =

4.) 99 - 3 =

5.) 98 - 9 =

6.) 90 - 5 =

7.) 79 - 9 =

8.) 62 - 9 =

9.) 50 - 8 =

10.) 55 - 8 =

11.) 37 - 11 =

12.) 56 - 12 =

13.) 25 - 4 =

14.) 90 - 2 =

Exercise No. 32

1.) 22 - 6 =

2.) 42 - 17 =

3.) 79 - 15 =

4.) 83 - 16 =

5.) 85 - 9 =

6.) 32 - 10 =

7.) 44 - 12 =

8.) 28 - 1 =

9.) 83 - 12 =

10.) 42 - 10 =

11.) 54 - 18 =

12.) 94 - 12 =

13.) 29 - 20 =

14.) 57 - 14 =

ANSWERS

Exercise No. 1.
1.) 62
2.) 77
3.) 50
4.) 62
5.) 64
6.) 80
7.) 88
8.) 51
9.) 79
10.) 66
11.) 10
12.) 56
13.) 12
14.) 89

Exercise No. 2.
1.) 47
2.) 38
3.) 80
4.) 32
5.) 18
6.) 70
7.) 85
8.) 65
9.) 18
10.) 34
11.) 71
12.) 73
13.) 46
14.) 41

Exercise No. 3.
1.) 69
2.) 73
3.) 64
4.) 34
5.) 68
6.) 78
7.) 46
8.) 84
9.) 20
10.) 75
11.) 83
12.) 43
13.) 24
14.) 42

Exercise No. 4.
1.) 79
2.) 78
3.) 12
4.) 54
5.) 17
6.) 43
7.) 80
8.) 19
9.) 63
10.) 54
11.) 35
12.) 41
13.) 52
14.) 70

Exercise No. 5.
1.) 90
2.) 86
3.) 91
4.) 65
5.) 70
6.) 49
7.) 83
8.) 36
9.) 46
10.) 43
11.) 21
12.) 22
13.) 18
14.) 29

Exercise No. 6.
1.) 49
2.) 37
3.) 17
4.) 64
5.) 70
6.) 37
7.) 38
8.) 92
9.) 55
10.) 78
11.) 53
12.) 5
13.) 43
14.) 36

Exercise No. 7.
1.) 12
2.) 9
3.) 60
4.) 87
5.) 96
6.) 76
7.) 28
8.) 24
9.) 93
10.) 13
11.) 20
12.) 40
13.) 86
14.) 11

Exercise No. 8.
1.) 50
2.) 85
3.) 38
4.) 82
5.) 34
6.) 75
7.) 39
8.) 40
9.) 43
10.) 19
11.) 41
12.) 90
13.) 26
14.) 73

Exercise No. 9.	Exercise No. 10.	Exercise No. 11.	Exercise No. 12.
1.) 86	1.) 22	1.) 57	1.) 36
2.) 38	2.) 75	2.) 71	2.) 60
3.) 15	3.) 84	3.) 17	3.) 57
4.) 40	4.) 95	4.) 70	4.) 90
5.) 15	5.) 81	5.) 73	5.) 42
6.) 69	6.) 90	6.) 19	6.) 28
7.) 57	7.) 75	7.) 84	7.) 15
8.) 17	8.) 94	8.) 59	8.) 23
9.) 88	9.) 51	9.) 19	9.) 17
10.) 46	10.) 47	10.) 35	10.) 11
11.) 50	11.) 83	11.) 24	11.) 60
12.) 56	12.) 24	12.) 25	12.) 36
13.) 82	13.) 75	13.) 86	13.) 18
14.) 57	14.) 63	14.) 4	14.) 75

Exercise No. 13.	Exercise No. 14.	Exercise No. 15.	Exercise No. 16.
1.) 39	1.) 9	1.) 86	1.) 20
2.) 30	2.) 69	2.) 75	2.) 82
3.) 61	3.) 10	3.) 24	3.) 11
4.) 90	4.) 27	4.) 37	4.) 64
5.) 32	5.) 32	5.) 82	5.) 60
6.) 37	6.) 42	6.) 56	6.) 39
7.) 58	7.) 68	7.) 90	7.) 56
8.) 36	8.) 93	8.) 60	8.) 85
9.) 61	9.) 77	9.) 33	9.) 78
10.) 65	10.) 16	10.) 66	10.) 62
11.) 51	11.) 95	11.) 38	11.) 67
12.) 92	12.) 18	12.) 29	12.) 46
13.) 83	13.) 94	13.) 17	13.) 40
14.) 19	14.) 62	14.) 26	14.) 69

Exercise No. 17.
1.) 85
2.) 35
3.) 51
4.) 84
5.) 59
6.) 42
7.) 41
8.) 61
9.) 69
10.) 43
11.) 63
12.) 16
13.) 75
14.) 57

Exercise No. 18.
1.) 52
2.) 6
3.) 53
4.) 50
5.) 26
6.) 78
7.) 40
8.) 38
9.) 89
10.) 46
11.) 74
12.) 63
13.) 67
14.) 20

Exercise No. 19.
1.) 76
2.) 73
3.) 66
4.) 68
5.) 59
6.) 11
7.) 14
8.) 55
9.) 9
10.) 74
11.) 51
12.) 19
13.) 35
14.) 59

Exercise No. 20.
1.) 87
2.) 83
3.) 18
4.) 6
5.) 48
6.) 57
7.) 40
8.) 37
9.) 24
10.) 29
11.) 1
12.) 39
13.) 35
14.) 17

Exercise No. 21.
1.) 63
2.) 82
3.) 80
4.) 36
5.) 52
6.) 72
7.) 45
8.) 61
9.) 33
10.) 14
11.) 56
12.) 80
13.) 32
14.) 46

Exercise No. 22.
1.) 17
2.) 26
3.) 76
4.) 65
5.) 53
6.) 25
7.) 64
8.) 65
9.) 79
10.) 62
11.) 83
12.) 30
13.) 12
14.) 96

Exercise No. 23.
1.) 90
2.) 20
3.) 51
4.) 61
5.) 35
6.) 71
7.) 86
8.) 60
9.) 45
10.) 83
11.) 82
12.) 39
13.) 38
14.) 12

Exercise No. 24.
1.) 57
2.) 75
3.) 14
4.) 22
5.) 42
6.) 68
7.) 74
8.) 38
9.) 26
10.) 38
11.) 53
12.) 46
13.) 51
14.) 44

Exercise No. 25.		Exercise No. 26.		Exercise No. 27.		Exercise No. 28.	
1.)	35	1.)	40	1.)	90	1.)	81
2.)	48	2.)	76	2.)	66	2.)	40
3.)	91	3.)	39	3.)	15	3.)	59
4.)	66	4.)	69	4.)	62	4.)	76
5.)	94	5.)	51	5.)	65	5.)	83
6.)	88	6.)	61	6.)	57	6.)	47
7.)	46	7.)	71	7.)	40	7.)	71
8.)	57	8.)	74	8.)	45	8.)	76
9.)	47	9.)	75	9.)	25	9.)	85
10.)	17	10.)	35	10.)	85	10.)	60
11.)	61	11.)	76	11.)	80	11.)	35
12.)	14	12.)	9	12.)	61	12.)	62
13.)	69	13.)	60	13.)	26	13.)	28
14.)	70	14.)	60	14.)	5	14.)	73

Exercise No. 29.		Exercise No. 30.		Exercise No. 31.		Exercise No. 32.	
1.)	15	1.)	45	1.)	79	1.)	16
2.)	38	2.)	33	2.)	91	2.)	25
3.)	55	3.)	66	3.)	35	3.)	64
4.)	70	4.)	50	4.)	96	4.)	67
5.)	68	5.)	59	5.)	89	5.)	76
6.)	52	6.)	37	6.)	85	6.)	22
7.)	25	7.)	96	7.)	70	7.)	32
8.)	86	8.)	41	8.)	53	8.)	27
9.)	79	9.)	57	9.)	42	9.)	71
10.)	55	10.)	81	10.)	47	10.)	32
11.)	77	11.)	14	11.)	26	11.)	36
12.)	8	12.)	31	12.)	44	12.)	82
13.)	35	13.)	27	13.)	21	13.)	9
14.)	44	14.)	71	14.)	88	14.)	43

www.ingramcontent.com/pod-product-compliance
Lightning Source LLC
LaVergne TN
LVHW082254070426
835507LV00037B/2292
9781683213475